COLOMBINE

PHILOSOPHE SOI-DISANT,

Comédie en un acte et en prose, mêlée de Vaudevilles.

Représentée pour la première fois sur le théâtre du Vaudeville, le 17 Prairial, an XI.

(Par J.-B. Radet, [illegible])

Prix 24 sols.

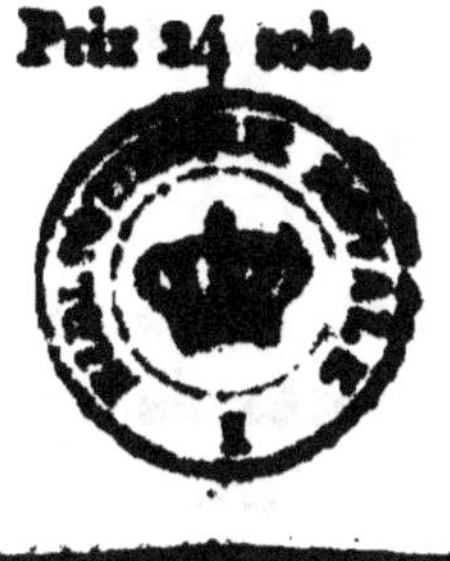

A PARIS;

Chez Madame MASSON, Éditeur-Libraire, rue de l'Échelle, N° 558, au coin de celle St Honoré.

An XI. — 1803.

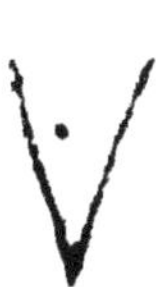

PERSONNAGES.	ACTEURS.
COLOMBINE,	Mlle Delisle.
Md. LELIO, jeune veuve,	Mlle Desmares.
MARINE, servante de Mme Lélio,	Md Bodin.
ARLEQUIN,	MM. Laporte.
SCAPIN, frère de Mme Lélio,	Carpentier.
LE DOCTEUR,	Lenoble.
PANTALON, père de Mme Lélio,	Edouard.

La Scène est au village de Noisi-le-Sec, près Paris.

Le théâtre représente un jardin; un Pavillon se voit à la gauche du spectateur, il est ouvert en face du Public.

Les Exemplaires ont été déposés à la Bibliothèque nationale.

COLOMBINE PHILOSOPHE SOI-DISANT.

SCENE PREMIERE.

Md. LELIO, SCAPIN, (*se rencontrant.*)

DEJA au jardin, mon frere?

SCAPIN.

Oui, ma sœur : arrivé hier soir à minuit, je n'ai pu m'y promener, & apres dix-huit mois d'absence, je le trouve fort embelli.

Md. LELIO.

Il est pourtant un peu négligé, mon jardinier est malade; mais, mon cher Scapin, pendant que nous sommes seuls, il faut que je vous dise l'embarras où vous me mettez.

SCAPIN.

Quel embarras ! parce que je vous ai amené Arlequin, mon compagnon de voyage & notre ami commun ?

Md. LELIO.

Si vous aviez su trouver Colombine ici, assurément vous ne l'auriez pas fait.

SCAPIN.

Pourquoi donc? je sais bien qu'avant notre départ pour l'Italie, Colombine s'était prise de belle passion pour Arlequin, & voulait l'épouser ; mais je sais aussi que M. Pantalon, son pere, ancien procureur & politique bel esprit, n'a pas trouvé le jeune homme au parti assez brillant pour sa fille; les choses en sont restées là, & depuis un an, je crois l'amour d'Arlequin un peu refroidi.

Md. LELIO.

Cependant, Colombine, en arrivant de Paris, m'annonça que je verrais bientôt son futur époux.

SCAPIN, (*surpris.*)

Ah! ah!

Md. LELIO.

Elle ajouta qu'elle avait quitté son père sans l'en prévenir, & qu'elle était décidée à se marier sans son consentement.

SCAPIN.

Je la reconnais bien là : mais elle a doublement tort, car je soupçonne Arlequin d'aimer une autre femme.

Md. LELIO.

Vous croyez donc qu'il n'épousera pas Colombine?

SCAPIN.

Oh! je n'en sais rien : un honnête homme est bien embarrassé.

AIR : *Moi, je n'sis pas savant, mais j'dis.*

Arlequin, dans le fond du cœur,
Ne sent plus rien pour Colombine;
Mais s'il croit qu'il soit de l'honneur
Que l'hymen promis se termine,
Jamais il ne s'avisera
De confesser son inconstance;
Près de sa belle il souffrira,
Et peut-être il l'épousera,
Pour l'acquit de sa conscience.

Md. LELIO.

Cet acte méritoire pourrait bien lui coûter des regrets. Colombine n'est point la femme qu'il faut à Arlequin.

SCAPIN.

Vous avez raison, & je crois que la douceur & la

modestie d'une jolie veuve comme vous, conviendraient mieux au timide Arlequin que l'exaltation & l'impétuosité d'une demoiselle telle que Colombine.

Md. LELIO.

Si vous lui trouviez de l'exaltation, aujourd'hui, c'est bien autre chose.

AIR : *Ce n'est que pour Magdelon.*

Colombine est en tout point
Une femme extraordinaire,
Qui ne craint point
Les propos d'un monde vulgaire,
Qui marche toujours à grand pas,
Sans jamais craindre les faux pas. (*Bis*)
Intrépide dans tous les cas,
Aimant le bruit & le fracas,
Ne disant comme personne,
Parlant de tout, elle raisonne
Comme on ne raisonne pas. (*Bis*)

SCAPIN.

A cet égard, je connais beaucoup de gens qui lui ressemblent.

Md. LELIO.

Sa tête s'est véritablement dérangée depuis qu'elle a lu certain roman moderne, dont l'héroïne est une espèce de folle qui a de l'esprit.

SCAPIN.

Delphine, je gage?

Md. LELIO.

Vous l'avez deviné.

SCAPIN.

Quand vous parlerez d'une femme à qui l'esprit ne sert qu'à dire & faire des folies, chacun la reconnaîtra. Au reste, tous les personnages de ce roman sont plus ou moins dans le délire, & ont à-peu-près le même ton, le même style, & des expressions... aussi neuves que bizares. Par exemple....

AIR : *Ah ! Voilà la vie.*

On entend la vie,
On manque la vie,
On gâte la vie,
Puis on veut la fuir :
Et toujours la vie,
la vie,
la vie.

Md. LELIO.

Quoi ! toujours la vie !
Mais c'est pour en mourir.

SCAPIN.

Je conçois l'effet de ce livre sur l'esprit d'une jeune personne qui a le malheur de l'admirer.

Md. LELIO.

Colombine en a pris tout ce qui s'accordait avec ses goûts, l'affection, le ton emphatique & la morale ; elle ne fait pas une fausse démarche qu'elle ne l'appuye d'une fausse maxime, & l'on dirait qu'elle sait le roman par cœur.

SCAPIN.

Ce jargon est original, & pour mon compte, j'aurai plus de plaisir à l'entendre qu'un mélodrame.

Md. LELIO.

On ne peut s'empêcher de la plaindre, quand on sait qu'elle ne se donne tous ces ridicules que pour faire du bruit, & par un desir insatiable de célébrité.

SCAPIN.

C'est une manie qui redevient à la mode.

Md. LELIO.

M. Pantalon doit être aussi honteux qu'affligé de la conduite de Colombine, je lui ai écrit qu'elle etait chez moi, afin de calmer une partie de ses inquiétudes.

SCAPIN.

Il ne paraît pas qu'il fasse grande attention à tous ces petits chagrins de famille.

SCENE II.

Les mêmes, le DOCTEUR.

Md. LÉLIO.

Ah ! c'est vous, Docteur.... Vous avez vu mon jardinier ?

LE DOCTEUR.

Oui, madame.

Md. LÉLIO.

Eh bien, qu'en pensez-vous ?

LE DOCTEUR.

Air : *Une Abeille toujours chérie.*

J'ai défini sa maladie,
Et je suis sur de le guérir,
A moins que la parque ennemie....

Md. LÉLIO.

O ciel ! vous me faites frémir.

LE DOCTEUR.

Et mais, je parle avec franchise :
Le fil de la vie est si fin....

SCAPIN.

Que souvent, hélas ! il se brise
Entre les doigts du médecin.

LE DOCTEUR.

Des épigrammes ! nous y sommes faits.

Air : *De la croisée.*

Quand nous sauvons un moribond,
A la nature on l'attribue ;
Quand le malade fait faux bond,
On dit : le médecin le tue.
Le plus pénible des métiers
Ne nous vaut que des injustices.

Md. LELIO.

Mais vous avez les héritiers
Qui comptent vos services.

LE DOCTEUR.

Qui les comptent ! dites qui les marchandent, & si je n'étais à la fois le médecin, le chirurgien & l'apothicaire de Noisi-le-Sec....

SCAPIN.

Au moyen de ces trois heureuses professions, vous devez faire de bonnes affaires.

LE DOCTEUR.

Je n'ai pas à me plaindre cette année; la grippe a beaucoup rendu. A propos, madame, on est venu ce matin commander un cosmétique pour la personne qui est chez vous depuis quelques jours, mademoiselle Colombine.

SCAPIN.

Un cosmétique ! qu'est-ce que cela, Docteur?

AIR : *Du petit Matelot.*

Mais c'est le nom scientifique
Que l'on donne au lait virginal,
Utile et brillant spécifique
Célébré dans plus d'un journal :
Au moyen dudit cosmétique,
Il ne nous faut que peu d'instans
Pour faire d'un visage antique
Un minois de quinze à trente ans.

SCAPIN.

Avec un pareil secret, Docteur, vous devriez vous faire connaître à Paris.

LE DOCTEUR.

Bon ! ce serait porter de l'eau à la rivière. C'est le pays des miracles dans ce genre là.

SCAPIN.

SCAPIN.

AIR : *Vaudeville de l'Opéra Comique.*

Vous auriez bientôt réussi
A vous procurer la richesse,
Si vous rétablissiez ainsi
Tous les charmes de la jeunesse.

LE DOCTEUR.

Ma foi, ne pouvant au total
Opérer la métamorphose,
Nous rendons un air virginal,
C'est toujours quelque chose.

SCAPIN.

Oui, mais cet air là ne dure pas.

LE DOCTEUR.

Alors.... mais en causant avec vous, j'oublie que mes malades m'attendent.... Je suis bien votre serviteur. (*il sort.*)

Md. LELIO.

Il est assez bon homme, pour un médecin.

SCENE III.

Md. LELIO, SCAPIN, MARINE, ARLEQUIN.

MARINE.

Voilà M. Arlequin, qui desire présenter ses devoirs à madame Lélio.

ARLEQUIN.

Qu'appellez-vous des devoirs.... Madame, je veux vous présenter tout ce que j'ai de mieux.... c'est pourquoi, je vous dirai.... mais c'est singulier.... Madame, je vous demande bien pardon....

AIR : *J'ai vu souvent dans mes voyages.*

Ce qu'ici je voulais vous dire,
Là bas je l'avais arrangé;
Mais je vous vois, je vous admire,
Tout de ma tête est délogé :

Daignez, excusant ma bêtise,
Suppléer à mon embarras,
Et supposez que je vous dise (*Bis*)
Tout ce que je ne vous dis pas. (*Bis*)

Md. LELIO.

La supposition pourrait me mener loin.

ARLEQUIN.

C'est égal, madame, ne la retenez pas.

Md. LELIO.

Vous y perdriez : j'aime mieux une personne qui sait ce qu'on doit taire, que celle qui saurait tout dire.

MARINE (*à Arlequin.*)

Vous oubliez, monsieur, que mademoiselle Colombine est pressée de vous voir.

ARLEQUIN, (*regardant toujours Md. Lelio.*)

Elle est pressée?

SCAPIN.

Certainement.

MARINE.

Elle vient de me gronder de ce que je ne suis pas entrée chez elle à minuit, lorsque vous êtes arrivé.

ARLEQUIN.

Je n'ai pas voulu troubler son sommeil.

MARINE.

C'est ce que je lui ai dit ; mais elle prétend qu'une femme comme elle ne s'endort que difficilement.

SCAPIN.

Et à regret.

ARLEQUIN, (*gravement*)

C'est possible.

MARINE.

Lui annoncerai-je que vous allez venir?

ARLEQUIN.

Si vous voulez.... Mais non : écoutez, mademoiselle Marine, je ne peux pas aller comme ça le matin dans la chambre d'une demoiselle.... N'est-il pas vrai, madame?

Md. LELIO, (*à Marine.*)

Dites à Colombine que l'on est au jardin.

MARINE, (*en s'en allant.*)

Voilà un amant qui n'est guère amoureux.

SCENE IV.

Md. LELIO, SCAPIN, ARLEQUIN.

SCAPIN.

A la manière dont Arlequin vous regarde, je parie, ma sœur, qu'il est bien aise que vous ayez fini le deuil de votre mari.

ARLEQUIN.

Ah! Oui.... Cela me fait plaisir.

AIR: *Vaudeville de Lasténie.*

Vous étiez bien jolie en noir ;
Mais un peu triste et languissante :
En blanc j'aime mieux vous revoir,
En blanc je vous trouve charmante ;
Et quoique ces parures là
De bon goût soient un vrai modèle ;
Vous n'auriez rien de tout cela
Que vous n'en seriez que plus belle.

SCAPIN.

Il parle en amateur.

ARLEQUIN

En connaisseur.

Md. LELIO, (*souriant*)

Vous pourrez exercer ce talent vis-à-vis de Colombine, elle l'entendra fort bien.

ARLEQIN.

Oh, je lui ferai entendre autre chose.

SCAPIN.

La voici.

ARLEQUIN.

Déja !

SCENE V.

LES MÊMES, COLOMBINE.

COLOMBINE, (*un volume de Delphine, à la main, s'écriant.*) Arlequin ! mon cher Arlequin, c'est vous.... Ah ! venez, venez. (*Elle se jette à son cou.*)

ARLEQUIN, (*avec embarras.*)

Mademoiselle, en vérité....

COLOMBINE, (*à madame Lelio et à Scapin.*)

Pardon ; mais je ne vois que lui, je ne puis voir que lui.

AIR : *Tout chacun l'aime et l'admire.*

C'est l'ami de mon enfance,
Par lui j'ai connu mon cœur :
C'est toujours de sa présence
Que m'est venu le bonheur.
Près de lui, vive, intrépide,
Le temps m'entraînait, glissant
Sur une plaine rapide
Dans un climat ravissant.

ARLEQUIN.

Que dites-vous ? .... Une gloire rapide.... Je ne m'en rappelle pas...

COLOMBINE (*se plaçant entre Arlequin et madame Lelio.*

Que me voilà bien placée suivant mes affections ! Trouble charmant qui tient mon cœur partagé.... Non, ce n'est que dans un premier penchant qu'on peut trouver cette inépuisable source d'idées et d'émotions heureuses, que l'amour jette comme par torrent dans la vie, la passion s'y peint toute entière, et c'est à son foyer sublime que tous ses rayons doivent être sentis.

SCAPIN, (*à Arlequin.*)

Eh bien! que dis tu de cette chaleur d'expression?

ARLEQUIN (*s'essuyant le front.*)

Mon ami, tu vois, j'en sue à grosses goutes.

Md. LELIO, (*vivement*)

Il y a des esprits médiocres qui prendraient cela pour du galimatias.

COLOMBINE.

Ah! quand un sentiment enivre chaque instant, on n'éprouve rien que pour un autre. L'univers entier, c'est lui sous des formes différentes, le printems, la nature, le ciel, ce sont les lieux qu'il a parcourus.

ARLEQUIN.

Mais prenez donc garde à ce que vous dites : comment voulez-vous qu'un amant soit le printems, la nature, le ciel....

COLOMBINE.

Comment, je le veux? ce n'est pas moi qui le veux, mais (*montrant son livre*) tout cela est là dedans, et je vous défends d'en dire du mal, c'est l'ouvrage d'une femme.

Md. LELIO.

J'en suis fâchée pour mon sexe.

COLOMBINE.

Comment, une œuvre où brillent l'esprit, le génie...

Md. LELIO.

Et quand cela serait...

AIR : *J'ai vu souvent dans mes voyages.*

Qu'importe qu'un livre qu'on vante
De l'auteur prouve le talent,
Si mainte maxime étonnante
Renferme un poison séduisant!
Le danger n'est pas pour le sage :
Mais les esprits faibles et faux
Ne recueillent d'un tel ouvrage
Que les erreurs et les défauts.

COLOMBINE, (*à part.*)

Que voilà bien le langage de la médiocrité !

SCAPIN.

Ma sœur a raison... que trouve-t-on dans les romans du jour ?

AIR : *Dans cette maison à 15 ans.*

Tous les caractères outrés,
Le plus extravagant langage,
Des sentimens exagérés,
L'amour qui se transforme en rage ;
Elle est au comble heureusement,
Cette manie inconcevable ;
Et pour faire un roman piquant,
Il suffira d'être à présent
Et naturel et raisonnable.

ARLEQUIN.

Quelle tâche pour certains auteurs !

COLOMBINE.

Les expressions communes ne conviennent point aux génies sublimes, et près de vous, une voix intérieure me dit que je dois être inentendue.

Md. LELIO.

Cette voix intérieure ne vous dit-elle pas que vous avez mal fait de quitter monsieur votre père ?

COLOMBINE.

Que parlez-vous de mon père ?.. l'être fier, ne doit obéir qu'à la morale universelle.

ARLEQUIN.

On dit monsieur Pantalon très-mécontent, très-courroucé.

COLOMBINE.

Il a tort : l'égoïsme est permis aux âmes sensibles, & qui se concentre dans ses affections peut sans remords se détacher du reste du monde.

Md. LELIO.

Mais voilà une fort vilaine maxime, & vous ne devez pas la répéter.

COLOMBINE.

AIR : *Je suis Magdelon Friquet.*

Je suis philosophe, moi,
Et des préjugés je me moque,
Je suis philosophe, moi,
Ma volonté voilà ma loi :
Ma conduite, à ce que je voi,
Vous surprend, peut-etre vous choque.

Md. LELIO.

J'en conviens de bonne foi,

COLOMBINE

Je suis philosophe, moi, etc.

Md. LELIO, (*à Colombine.*)

Vous vous croyez philosophe ?

COLOMBINE.

Tout comme un autre.

ARLEQUIN.

Quel abus de mots !

AIR : *Tout sera bientôt débité.*

Un philosophe est à mon sens
Un être en qui tout intéresse,
Par philosophe, moi, j'entends
L'ami constant de la sagesse,
Mais chez les plus grands ennemis
L'expression fut avilie.
Dieu sait tout ce qui s'est permis
En parlant de philosophie !

COLOMBINE, (*dédaigneusement.*)

Qu'est-ce que tout cela prouve ?

Md. LELIO.

Que plus on doit de respect aux véritables philosophes, plus il est permis de se moquer des charlatans qui en usurpent le titre.

SCAPIN.

Oui, sans doute, se mocquer des charlatans, ce n'est pas trop.

COLOMBINE, (*regardant Arlequin sans entendre madame Lelio.*)

Arlequin desire sûrement un entretient particul:. je ne veux pas le faire attendre.

Md. LELIO.

Nous vous laissons.

ARLEQUIN.

Mais rien ne presse.

SCAPIN, (*à Arlequin.*)

Ecoute mademoiselle.... & profite. (*il sort.*)

SCENE VI.

COLOMBINE, ARLEQUIN.

COLOMBINE.

Allons, mon ami, ne dissimulez plus votre impatience : ne désenchantez pas les sentimens de votre cœur; vous m'affligeriez, & il n'y a rien de plus indélicat que d'affliger une créature aussi inofensive que moi.

ARLEQUIN.

Mademoiselle, ce que vous dites là est bien beau; mais cela n'est pas à ma portée, & puisque nous sommes seuls, voulez-vous bien parler comme tout le monde, afin que nous puissions nous entendre.

COLOMBINE.

Nous entendre!... Ah! si vous avez une idée de la perfectibilité;... Mais non.

AIR : *Je ne vous vois jamais rêveuse.*

Votre âme froide et languissante
N'a jamais connu ces transports,
Cette ardeur vive et ravissante,
Qui font mouvoir tous ses ressorts :
Esprit faible et pusillanime,

Avez

Avec moi, n'osant faire un pas,
L'amour qui sans cesse m'anime,
Hélas ! ne vous animait pas :
Non, non, certes ! vous n'aimiez pas.

ARLEQUIN.

Mademoiselle, on aime comme on peut : mais c'est égal, je n'ai qu'une parole, & puisque j'ai promis de vous épouser, il faut que je vous épouse.

COLOMBINE.

Je ne vous dis pas cela.

ARLEQUIN.

Plait-il ? ne voulez-vous pas me faire entendre que vous m'aimez encore ?

COLOMBINE.

Oh ! sans doute, vous serez toujours un plaisir dans ma vie ; mais, que le cœur humain est inattendu dans ses développemens ! . . .

ARLEQUIN.

De grace, expliquez-vous.

COLOMBINE.

Mon ami, je ne suis plus à moi.

ARLEQUIN.

Vous vous êtes donnée ?

COLOMBINE.

Je me suis promise.

ARLEQUIN, (*à part.*)

Ah ! quel bonheur : (*haut*) perfide ! depuis une heure que vous me tenez sur les épines. . . .

COLOMBINE.

J'avais prévu votre douleur.

ARLEQUIN, (*à part.*)

Dissimulons ma joie. (*haut*) Eh ! quel est le rival que vous me préférez ? nommez le moi, que j'aille le trouver, & que. . . .

COLOMBINE.

Compromettre vos jours et les miens ! . . . Arrêtez.

ARLEQUIN.

Non, je veux absolument le voir, lui parler, le féliciter et le remercier.

COLOMBINE.

Ah ! que c'est aimable ! . . . . Eh bien, vous connaissez le beau Léandre ?

ARLEQUIN.

Léandre !

COLOMBINE.

Il a reçu le dépôt de mon innocente destinée.

ARLEQUIN.

Qui, ce grand escogrife, important, querelleur, bretailleur. . . .

COLOMBINE.

Il a un regard solemnel, du charme dans la taille, un visage enchanteur, une grace parfaite, et son esprit. . . . . Ah ! son esprit. . .

ARLEQUIN.

Analogue au vôtre, sans doute ?

COLOMBINE.

C'est ce qui vous trompe : nous ne nous ressemblons pas du tout. . . . notre caractère, nos principes, nos opinions politiques, tout est en opposition.

AIR : *Vaudeville de J. Monet.*

Il tient à l'usage antique,
Moi, j'aime la nouveauté,
Il veut l'estime publique,
Moi, je la mets de côté ;
Entêté,
Emporté,
Près de lui tout me présage
Que nous aurons un ménage
Toujours en activité. (*3 fois.*)

ARLEQUIN.

C'est ce qu'il vous faut.

COLOMBINE.

Ah ! dame, j'ai calculé les chances du bonheur ; & j'ai pris la vie en masse.

ARLEQUIN.

Prendre la vie en-masse!.. Il y a dans tout ce que vous dites une sublimité qui m'étourdit.

COLOMBINE.

Oh! j'en ai étourdi bien d'autres.

ARLEQUIN.

Je le crois : enfin, vous épousez Léandre, nous cesserons de nous voir....

COLOMBINE.

Non, assurément. Si ma maison vous convient, comme je l'espère, nous pourrons vivre tous ensemble, sans nous craindre, sans nous égarer, sous la garde sacrée de l'honneur & de la philosophie.

ARLEQUIN.

Vous êtes bien bonne; mais je ne le pourrais pas décemment.

COLOMBINE.

Décemment!... Quelle pitoyable objection!

AIR : *Quand Vénus sortit de l'onde.*

Vous bravez les convenances,
Vous choquez les bienséances,
Vous parlez trop hardiment,
Et souvent imprudemment.
Contre vous chacun murmure,
Pour les raisons que voilà.

COLOMBINE.

L'amour ainsi qu'la nature
N'connait pas ces raisons là.

ARLEQUIN.

Pour le coup, vous êtes folle.... Pardon, mais....

COLOMBINE.

Ne vous gênez pas.

AIR : *Mon ami, je vous rends justice.*

De la hauteur où m'a placée
Mon caractère indépendant,
Mon cher, sans en être offensée,
J'entends l'insecte bourdonnant,

Le noble orgueil dont je me pique
Est au-dessus de vos mépris.

ARLEQUIN.

Cet orgueil n'est qu'un manteau magnifique
Qui couvre de mauvais habits.

Adieu, madame.

COLOMBINE.

Adieu, monsieur. (*Arlequin s'en va.*)

SCENE VII.

COLOMBINE, (*seule.*)

Je devais m'attendre à la vulgarité de ses sentimens, aussi je redoutais cet entretien, et tant qu'il a duré, je ne sais quelle corde habituellement silentieuse a raisonné au fond de mon cœur. . . . oh! oui, elle a raisonné : mais n'importe... j'ai placé mon bonheur dans la célébrité, & j'éprouve de plus en plus le besoin de paraître une femme extraordinaire.

AIR: *Vaudeville de la fille en loterie.*

On a cru mon sexe long-tems
Sans courage et sans énergie,
Incapable des grands élans
Que donne la philosophie.
Eh bien, je m'impose la loi
De prouver au siècle où nous sommes
Qu'une femme telle que moi
Est au-dessus de bien des hommes.

SCENE VIII.

COLOMBINE, SCAPIN.

SCAPIN.

Mademoiselle, je viens savoir si ce que m'a dit Arlequin est vrai : il m'assure que vous lui préférez Léandre avec qui votre mariage est décidé.

COLOMBINE.

Très-décidé, & j'attends Léandre pour signer le contrat qui doit nous unir.

SCAPIN.

En ce cas, il faut que vous m'aidiez dans le projet que j'ai de marier Arlequin.

COLOMBINE.

Marier Arlequin!... Avec qui?

SCAPIN.

Avec une femme dont il est amoureux, sans oser le lui dire.

COLOMBINE.

Je le crois. Il est si gauche, si embarrassé, si distrait!...

SCAPIN.

Eh mais tout cela n'est pas sans éloquence.

AIR : *Comme toi cela me chagrine.*

Sous un air de mélancolie,
Etre préoccupé, rêveur,
Auprès d'une femme jolie
C'est faire assez parler son cœur,
Et l'on peut en conclure en somme,
Que quand la beauté lui sourit,
La distraction d'un jeune homme.
Est une présence d'esprit. *(Bis)*

COLOMBINE.

D'un pauvre esprit.... et cette beauté si imposante, c'est....

SCAPIN.

Ma sœur!

COLOMBINE.

Madame Léo.... mais oui, Arlequin est un petit génie, votre sœur une femme très-ordinaire, elle a si peu d'abandon qu'on sait avec elle la vie d'avance, comme si l'avenir était déjà le passé..., oh! ils seront bien ensemble; ils pourront trouver dans cette union in[illegible] le bonheur insipide et pâle qui convient aux âmes communes.

SCAPIN.

C'est tout ce qui leur faut, ma sœur n'est pas aussi étonnante que vous.

COLOMBINE.

Ah! certes! elle ne me ressemble guère.

SCAPIN.

C'est que vous ressemblez à très-peu de personnes.

COLOMBINE.

Je m'en flatte : mais on ne me connaît pas encore; on verra le roman que je vais mettre au jour; on y trouvera de nouvelles idées, une nouvelle morale, une nouvelle nature, un nouveau style. . . . Enfin, tout y sera nouveau.

SCAPIN.

Cela me paraît le comble de l'art.

COLOMBINE.

C'est un monument que j'élève sur le terrain des siècles.

SCAPIN.

Ce terrain là pourrait bien être un terrain perdu.

COLOMBINE.

Quelle réputation je vais acquérir, & que de complimens que je recevrai !

AIR : *Tous les Bourgeois de Chartres.*

Ah! combien de harangues
Mon livre me vaudra!
Car dans toutes les langues,
Certe! on le traduira.

SCAPIN.

Si comme vous parlez vous avez dû l'écrire,
Pour entendre votre roman,
C'est en français, premièrement,
Qu'il faudra le traduire.

SCENE IX.

LES MÊMES, MARINE.

MARINE, (*tenant une lettre qu'elle donne à Colombine.*)

Une lettre pour vous, Mademoiselle.

COLOMBINE.

Ah ! je reconnais l'écriture de Léandre ; il veut me préparer à la joie que doit me causer son arrivée.

SCAPIN.

Je vais vous envoyer ma sœur. (*à part en s'en allant.*) Cette chère Colombine !.... Ma foi, je ne serais pas fâché d'être aimé d'une folle comme celle-là. (*il sort.*)

COLOMBINE.

Cher Léandre.... loin de toi je suis comme une ombre errante qui se promène au milieu des vivans ; ta présence va me rendre cette fièvre qu'on appelle la vie. (*Elle ouvre la lettre.*)

MARINE (*à part*)

Ma foi, la sienne est un vrai délire.

COLOMBINE, (*baisant la lettre.*)

Précieuse écriture !.... Avant d'arriver à mes yeux, fais une pose sur mon cœur, (*elle place la lettre sur son cœur.*) Tout ce qui tient à lui ébranle si fortement mon âme.... Lisons.... (*elle lit,*) incomparable Colombine, femme sublime, (*s'interrompant*) femme sublime ; Ah ! c'est lui qui sait m'apprécier, (*elle lit bas.*) Dieu !... grand Dieu.... qu'ai-je lu !.... ma vue se trouble.... mes cheveux se hérissent.... un feu.... une glace.... Je me meurs. (*elle tombe dans les bras de Marine.*)

MARINE, (*effrayée*)

Elle se trouve mal.... Que faire !.... Au secours, Madame Lélio ! Monsieur Arlequin.... Madame Lélio !...

SCENE X.

LES MÊMES, Md. LELIO.

Md. LELIO, (*accourant*)

Qu'est-il arrivé ! quel événement...

COLOMBINE, (*repoussant Marine.*)

Ah ! mon dieu, comme tu me soutiens mal.

MARINE.

Elle revient.

Md. LELIO.

Qu'avez-vous, Colombine ?

COLOMBINE.

Ne m'interrogez pas . . . . Lisez.

Md. LELIO. (*prend la lettre et lit.*)

« Incomparable Colombine, femme sublime et unique dans votre genre, armez vous de courage et de » philosophie, vous en avez besoin : mais vous n'en » manquez pas, et cela me rassure Quand vous lirez » ces lignes, je serai l'époux de la belle Estilde ; ne » me condamnez pas sans m'entendre, et écoutez-» moi. Voici la première phrase de votre lettre qui » m'apprenait que vous aviez quitté la maison pater-» nelle, *lorsque les convenances de la société sont* » *en opposition avec la véritable volonté de l'âme,* » *il faut qu'elles soient sacrifiées,*

COLOMBINE.

Oui, je lui ai écrit cela.... Il a de la mémoire;

Md. LELIO, (*lisant.*)

» Effrayé d'une maxime aussi nouvelle que hardie, » et ne devinant pas jusqu'où votre *véritable volonté* » pourrait vous conduire, j'ai fait des réflexions et je les » ai communiquées à ma mère, qui m'a représenté » qu'une jeune personne, douce, modeste, sincère-» ment attachée à ses devoirs, et même aux vieux pré-» jugés, valait mieux pour un mari qu'une femme phi-» losophe ; j'ai senti la justesse de son raisonnement, » & je m'y suis rendu.

COLOMBINE.

Le lâche !

Md. LELIO, (*lisant.*)

» Ma conduite ne vous étonnera pas ; vous savez que » je ne juge vos actions que sur ce que les autres en » pensent, & ces enfans qui nous ont hués l'autre » jour, à la porte de l'Ambigu-Comique, où l'on don-» nait *la Femme à deux maris*, m'ont trop fait con-» naître que l'opinion est la reine du monde. C'est » dans ces sentimens que j'ai l'honneur d'être, incom-» parable Colombine, votre très-humble & très-obéis-» sant serviteur & ancien amant. ... LEANDRE. »

COLOMBINE.

COLOMBINE.

Me sacrifier à l'opinion, cette ennemie triomphante & dédaigneuse !

Md. LELIO.

Il est clair que ce Léandre ne vous a jamais aimée.

COLOMBINE.

Bah ! laissez donc.... je sais bien que je n'ai plus d'avenir ; mais il ne faut pas m'ôter le passé.

MARINE,

Oubliez le passé, & consolez-vous.

COLOMBINE, (*sans entendre.*)

Ma vie n'est de rien dans la sienne ... il continue sa route & me laisse en arrière, après m'avoir vu tomber du char qui l'entraîne.

Md. LELIO.

Léandre n'a point de char & vous n'êtes point tombée... Ecoutez les consolations de vos amis.

COLOMBINE, (*toujours sans entendre.*)

AIR : *Dans Berlin, sans trop me vanter.*

Si du moins je pouvais mourir
Du tourment qui va me poursuivre !
Mais, hélas ; j'aurai beau souffrir !
Souffrir n'est pas mourir, c'est vivre.
Par où ça doit-il finir ?
Quel sera mon avenir ?
Ah ! quel qu'il soit, cet avenir
Sera sombre sans doute . . . . *(bis)*

MARINE.

C'est pourquoi vous n'y voyez goutte. (*bis*)

Md. LELIO.

Calmez-vous.

COLOMBINE, (*en délire.*)

Me calmer ! .... moi !.... Me connaissez-vous ? (*frappant sa poitrine*) savez-vous ce qu'il y a là ?

MARINE.

Non.

COLOMBINE.

Vous n'en avez rien ?... Eh bien, il y a là... une âme brûlante, une âme de feu qui se dévore elle-même.

MARINE.

Ah! mon dieu.... Et vous sortez avec ça ?

COLOMBINE.

Mais il me faut d'autres tourmens ; ce ne sont point des regrets, ce ne sont point des larmes.... La tempête a triomphé de moi, mon sort a fini ; j'ai horreur de la société, il n'y a plus de place sur la terre où je puisse me reposer, & je vais..

Md. LELIO.

Où allez-vous?

COLOMBINE.

Ma foi, je n'en sais rien, mais la douleur me poursuit, & je fuis devant elle. (*Elle sort.*)

Md. LELIO.

Suivez-la, Marine, & tâchez de lui faire entendre raison.

MARINE, (*suivant Colombine qui est rentrée dans le pavillon.*)

Je crains bien que ce ne soit une peine perdue.

SCENE XII.

Md. LELIO, ARLEQUIN.

Md. LELIO.

Ah! venez Arlequin.... Entrez là dedans & voyez Colombine, elle a beaucoup de chagrins.

ARLEQUIN.

J'en suis bien fâché.

Md. LELIO.

Léandre l'abandonne.

ARLEQUIN.

Tant pis pour elle & tant mieux pour lui.

Md. LELIO.

Il est marié, vous n'avez plus de rival.... Colombine pourrait revenir à vous.

ARLEQUIN (*vivement.*)

J'espère que non.... mais en tout cas, ce serait inutilement; j'ai pris mon parti.... & je n'ai pas eu de peine.

Md. LELIO, (*à part avec un mouvement de joie.*)

Il n'a pas eu de peine !...(*haut et souriant.*) Pour avoir pris votre parti aussi vite, il faut que vous soyez aussi un peu philosophe.

ARLEQUIN.

Pas le moins du monde.

AIR: *Vaudeville de Cruello.*

Colombine en sait trop pour moi,
Je le dis à ma honte:
Elle m'inspire un juste effroi
Quand sa tête se monte.
A cet esprit si turbulent
Je ne m'unirais qu'en tremblant,
Oui, je vous le confie;
Et, soit dit sans lui faire tort,
Je ne me sens pas assez fort
Pour épouser tant de philosophie.

Md. LELIO.

Sincèrement, je crois que vous ne vous conveniez guère tous deux.

ARLEQUIN.

Nous ne nous convenions pas du tout.... Ah! Si Colombine ressemblait à une personne que je sais bien.... Si elle était douce, bonne, aimable, spirituelle....

Md. LELIO.

Cet éloge est peut-être fort exagéré.

ARLEQUIN.

Il n'est pas ridicule, & pour un éloge c'est beaucoup.... (*regardant madame Lelio.*) Mais quelque bien qu'on dise de la personne que j'ai en vue.... on sera toujours loin d'exagération.

Md. LELIO.

Vous n'y songez pas.

ARLEQUIN.

Au contraire : j'y songe du matin au soir, et puis, du soir au matin.

DUO *Des Evénemens imprévus*,

J'aime un objet doux et charmant.

Md. LELIO.

Eh bien, parlez lui sans mystère.

ARLEQUIN.

Je n'ose me flatter de plaire.

Md. LELIO.

Ah ! croyez-moi, c'est trop vous taire,
Parlez-lui franchement.

ARLEQUIN.

Parle-t-on autrement?

Md. LELIO.

Vraiment?

ARLEQUIN.

Près de celle que j'aime.....

Md. LELIO.

Eh bien?

ARLEQUIN.

J'éprouve un trouble extrême.

Md. LELIO.

Eh bien?

ARLEQUIN

A présent vous devinez bien?

Md. LELIO.

Je ne devine rien ;
Non, rien.

ARLEQUIN.

Vous devinez bien ?

Md. LELIO.

Vous éprouvez un trouble extrême ?

ARLEQUIN.

Je n'ose dire, je vous aime.

Md. LELIO.

Vous n'osez dire, je vous aime.

ARLEQUIN, (*à part.*)

Ah ! quel trouble extrême !

Md. LELIO, (*à part.*)

Ah ! quel trouble extrême !
Pourquoi toujours trembler ;
Il faut enfin parler.

ARLEQUIN.

Je ne veux plus trembler,
Je veux enfin parler.

ARLEQUIN, (*à part voyant arriver Marine.*)

Ah! pourquoi vient-on nous interrompre.

SCENE XIII.

Les mêmes, MARINE.

MARINE (*Toute effarée.*)

Vous n'avez pas vu mademoiselle Colombine ?

Md. LELIO.

Est-ce qu'elle n'est pas dans son appartement ?

MARINE.

Non, madame ; obligée de la quitter un moment, & ne la retrouvant plus chez elle, où je l'avais laissée dans une sombre rêverie, je m'informe aux gens de la maison.

AIR : *L'autre jour à la promenade.*

On me dit qu'elle est descendue,
Que je pourrai la trouver au jardin :
J'en parcours toute l'étendue,
Sans la trouver. . . . . je chercherais en vain
Jusqu'à demain.
Fille dont la tête est perdue
En un instant fait beaucoup de chemin.

Md. LELIO.

Mais cela m'inquiette, il faudrait voir. . . .

ARLEQUIN.

Mon dieu, madame, ne vous tourmentez pas.

AIR : *Fanfare de S. Cloud.*

Colombine un peu malade,
Pour retrouver son bon sens,
A besoin de promenade,
Laissons-la courir les champs.
Fille d'un esprit si rare
Doit avoir un libre cours,
Si par fois elle s'égare
On la retrouve toujours.

Md. LELIO.

Mais enfin où peut-elle être ?

SCENE XIV.

LES MÊMES, LE DOCTEUR.

LE DOCTEUR.

Si vous parlez de mademoiselle Colombine, elle est chez moi.

Md. LELIO.

Chez vous !

LE DOCTEUR.

Où elle est venue pour me dire. . . .

ARLEQUIN.

De bien belles choses, sans doute.

LE DOCTEUR.

Je n'ai pas trop compris ses grandes phrases ; mais je vais vous les expliquer.

Md. LELIO.

Nous expliquer ce que vous n'entendez pas !

LE DOCTEUR.

Ce ne serait pas la première fois. On n'est pas docteur pour rien.

Md. LELIO.

Au fait, Colombine....

LE DOCTEUR.

Elle dit qu'elle va faire un long voyage.

ARLEQUIN.

Dieu la conduise !

LE DOCTEUR.

Elle assure que, suivant la méthode angloise, elle fait un usage fréquent d'opium, & en conséquence elle en demande une provision considérable.

Md. LELIO.

Que dites vous là ?

ARLEQUIN.

Voici qui devient sérieux.

LE DOCTEUR.

On peut prendre chacune de ces doses sans aucun danger ; mais je dois vous dire que toutes les doses réunies feroient l'effet d'un poison mortel.

Md. LELIO.

Vous me faites frémir.

LE DOCTEUR.

Cette demoiselle paroît avoir la tête...

ARLEQUIN.

Très-dérangée.

LE DOCTEUR.

AIR : *J'aime le vin pour rire.*

Cependant je désire toujours
Que du [illegible] fu à tel jadis

Elle est la belle aurore;
Elle est jeune, elle a des attraits,
Et puis, en la voyant de près,
Ma foi, je la soupçonnerois
D'aimer assez la vie.

MARINE.

Monsieur le docteur est physionomiste

ARLEQUIN.

Auroit-elle vraiment le projet....

LE DOCTEUR.

Je l'ai laissée auprès de ma femme, sous prétexte d'aller à mon laboratoire, préparer moi-même ses petits paquets, & sortant par la porte du jardin, je suis venu vous consulter....

Md. LELIO.

Gardez-vous bien de céder à ce qu'elle vous demande.

ARLEQUIN.

Et si, au lieu d'opium, vous lui donniez....

LE DOCTEUR.

Je vous entends.... quelque chose de rafraîchissant.

ARLEQUIN.

De calmant.

Md. LELIO.

Fort bien : mais le tems presse : allez bien vite préparer....

LE DOCTEUR.

Soyez tranquille.

AIR : *Vaudeville de l'Avare.*

J'ai cela près dans ma boutique;
Car on m'a fait bien [illegible]
Composer jadis une pratique
Un calmant d'un effet certain. (Il sort)
De cet heureux calmant, mesdames,
Je vous garantis le pouvoir :
Moi qui vous parle, hier au soir,
J'en ai fait l'essai sur ma femme.

MARINE.

MARINE.

Et monsieur s'en est bien trouvé. (*Marine sort avec le docteur.*)

ARLEQUIN.

On ne peut pas être de meilleure foi.

SCENE XV.

Md. LELIO, ARLEQUIN.

Md. LELIO.

Me voilà bien embarrassée de Colombine. Je voudrais bien que son père vînt la chercher.

ARLEQUIN.

Il viendra sans doute, puisque vous lui avez écrit.

Md. LELIO.

Vanter sans cesse son énergie, son courage, & n'avoir pas la force de supporter un chagrin ordinaire !

ARLEQUIN.

Mais en revanche, elle est capable de tenter la dernière folie, pour faire parler d'elle & pour imiter l'héroïne de son roman favori.

Md. LELIO.

AIR : *mon attente sera remplie.*

Son aveuglement est extrême :
Dans son lâche désespoir,
Elle oublie un père qui l'aime,
Et méconnaît son pouvoir.
Hélas! tel est l'effet que produisent
Les faux principes, l'erreur :
Les travers de l'esprit conduisent
Aux déréglemens du cœur.

SCENE XVI.

LES MÊMES, SCAPIN.

ARLEQUIN.

Ah! mon ami, tu ne sais pas que cette folle de Colombine....

SCAPIN.

Je sais tout : j'ai rencontré le docteur, mais ce que vous ne savez pas, vous autres, c'est que monsieur Pantalon vient d'arriver.

ARLEQUIN.

Justement, nous parlions de lui.

Md. LELIO.

Il ne pouvoit venir plus à propos.

SCAPIN.

La fuite de sa fille l'a singulièrement affecté, & il m'a fait voir une douleur profonde.

ARLEQUIN.

Je n'ai encore vu de profond en lui que son amour propre.

Md. LELIO.

Mais où est-il donc ?

SCAPIN.

Au cheval blanc où je dois l'aller chercher, après vous l'avoir annoncé.

ARLEQUIN.

Si du moins il pouvoit rendre sa fille un peu raisonnable....

Md. LELIO.

Nous verrons : mais je compte plus sur le calmant que sur le père.

SCAPIN, (*prenant madame Lélio et Arlequin par la main.*)

Ah ça, où en êtes-vous ensemble? *Arlequin* a-t-il un peu avancé ses affaires?

ARLEQUIN.

Je ne demande pas mieux que d'avancer.

SCAPIN, (*à madame Lélio.*)

Il a besoin d'encouragement.

Md. LELIO.

Soyez tranquille, Isabelle m'a tout dit.

ARLEQUIN.

Ah ! madame.... Je voudrais bien vous avoir tout dit.

SCENE XVII.

Les mêmes, MARINE.

MARINE, (*accourant.*)

Madame, madame...

ARLEQUIN.

Toujours on nous interrompt.

MARINE.

Mademoiselle Colombine est rentrée.

SCAPIN.

Paix ! je l'entends..... (*Colombine paraît dans le pavillon.*)

MARINE, (*écoutant.*)

Elle est là, (*Colombine est assise et paraît rêver.*)

SCAPIN.

N'ayons pas l'air de la savoir, & plaçons nous sous ce berceau.... Il fait un temps superbe.

ARLEQUIN.

Oui, c'est un bien beau jour.

SCAPIN.

AIR : *Qu'on est heureux de rendre justice.*

Que le printems offre de délices
Aux cœurs exempts de soucis, de regrets !
De la nature on voit les prémices,
Et on pressent encore ses bienfaits.

(*Colombine se lève et écoute.*)

SCAPIN, Mr. LELIO, ARLEQUIN, MARINE.

Que le printems offre de délices, etc.

COLOMBINE,

Ils chantent, ils sont heureux, & moi....

ARLEQUIN.

D'un soleil dans la chaleur salutaire
Nous fait sentir le bonheur d'exister.

COLOMBINE.

Ce soleil n'est qu'un flambeau funéraire
Mes yeux trop tôt ne s'apprêtent à le quitter.

SCAP. Md. LELIO, ARL. MARINE.

Que le printems offre de délices etc.

COLOMBINE.

(Ensemble.)

De ce printems les charmes flatteurs
Ne m'offriraient que de tristes regrets...
Charon m'appelle, et sous ses auspices,
Je vais trouver et le calme et la paix.

ARL. (*Offrant une branche de lilas à Md. Lélio*)

De la beauté simple, douce, et modeste,
Cette fleur est un emblême charmant.

COLOMBINE.

La fleur se passe et ce qui nous en reste
N'est qu'un objet de chagrin, de tourment.

SCAPIN, Md. LELIO, ARLEQ. MARINE.

Que le printemps offre de délices, etc.

COLOMBINE.

De ce printems les charmes flatteurs etc.

Si je consentais à vivre, je serais obligée de voir cette femme, de la voir usurper mon bonheur.... goutte à goutte...., Un moment...., on m'avait recommandé de ne pas répéter ces mots là....

Md. LELIO.

Heureusement, on sait où elle les a pris.

COLOMBINE.

C'est dit.... Il faut en finir. (*elle prend ses petits paquets.*) Il faut faire place à une heureuse que mon mérite importune.

MARINE (*regardant à travers la jalousie.*)

Elle fait ses préparatifs.

Md. LELIO.

Malheureuse!... Je veux aller à son secours.

SCAPIN, *retenant Md Lélio.*

Restez... Songez qu'il n'est question que d'un calmant.

ARLEQUIN.

Et qu'elle en a grand besoin.

COLOMBINE, (*délayant ses poudres dans un verre d'eau*)

Ah! Si j'avais la logique de Delphine, j'y trouverais un petit poison salutaire, doux; mais rapide. (*se préparant à boire.*) Allons... Eh bien! qu'est-ce que c'est donc? ma main tremble!

MARINE.

Elle hésite.

COLOMBINE.

Reprenons courage... (*elle ouvre un volume de Delphine.*) A moi Delphine.

MARINE.

Elle va lire.

COLOMBINE *lisant*, (*les personnages écoutent.*)

« Il serait difficile de ne pas s'intéresser à l'homme
» plus grand que la nature, alors qu'il rejette ce qu'il
» tient d'elle, alors qu'il se sert de la vie pour dé-
» truire la vie. »

Md. LELIO.

Affreuse morale!

COLOMBINE.

« Se servir de la vie pour détruire la vie!... Delphine a raison, c'est un excellent moyen de paraître intéressante. (*fermant le livre.*) Je suis en force. »

AIR: *Turlurette.*

Je prends mon parti gaîment,
Et dans un petit moment
Mon affaire sera faite.....

ARLEQUIN.

Turlurette. (*Bis.*)
La demeure est complette.

MARINE (*voyant Colombine prendre le verre.*)

Elle va boire.

Md. LELIO.

Quel délire!

COLOMBINE, (*tenant le verre.*)

Perfide Léandre !... Tu m'as réduite au désespoir... Ta faiblesse me conduit au tombeau.... je bois la mort, & je la bois... à ta santé. (*Elle boit.*)

MARINE

C'est fait (*Colombine tombe dans une sombre rêverie*)

SCAPIN.

Il est tems d'aller chercher M. Pantalon.

Md. LELIO.

Prévenez-le que sa fille ne court aucun danger.

SCAPIN.

Non pas, il faut qu'il ait un petit moment de frayeur: ce n'est pas trop pour la peine d'avoir souffert que sa fille lut tant de mauvais livres (*il sort*)

COLOMBINE.

Quand toute espérance est perdue, l'âme frissonne au-dedans de nous même & le sang glacé.... n'a plus de cours.

ARLEQUIN.

Son imagination la sert joliment.

COLOMBINE, ([illegible])

Ils sont encore là... tous occupés de vous... mais dans un moment, on s'occupera de moi, (*elle se place devant une glace et met ses cheveux en désordre;*) on s'attendrira sur mon sort, on recueillera mes dernières paroles, on les citera avec admiration, & l'on dira... quel bonheur, si je pouvais entendre ce qu'on dira.

Md. LELIO.

Je vois qu'elle ne sait ni ce qu'elle dit, ni ce qu'on dit.

COLOMBINE, (*se levant toute échevelée.*)

Je jouis d'avance de l'effet terrible que je vais produire. (*elle sort du pavillon.*)

Md. LELIO.

Comme elle est pâle !

ARLEQUIN.

Elle a été son voyage.

COLOMBINE.

Je viens vous dire adieu..... adieu, pour long-tems.

ARLEQUIN.

Vous partez?

COLOMBINE, (*comme en délire.*)

Oh! ce voyage, sera silencieux & sombre.

Md. LELIO.

Colombine....

COLOMBINE.

J'ai éprouvé la vie.... elle m'a tout dit.

ARLEQUIN.

La vie vous a parlé?

Md. LELIO.

Vous pouviez souffrir?

COLOMBINE.

Pardi! on souffriroit à moins.... vous me voyez spontanément par la puissance de ma volonté, mes forces prêtes à défaillir.

Md. LELIO.

Qu'avez-vous fait?

COLOMBINE.

Ce que j'ai fait!.... Une action sublime, parce que, voyez-vous.... pour éviter la douleur.... il faut traverser la vie, &.... je me suis empoisonnée.

Tous comme le commencement du Quinque de Félix.

O ciel!....

ARLEQUIN, Md. LELIO, MARINE.

AIR: *Qu'avez plaisir, mon cher cousin.*

Ah! quel forfait!
Qu'avez-vous fait,
Génie ardent, fille incompréhensible?
Ah! quel forfait!
Qu'avez-vous fait?
De tant d'esprit voilà donc tout l'effet!

SCAPIN, ([illegible])

D'où vient donc ce bruit?

([illegible] Lélio.)

[illegible]

([illegible])

Qu'arrive-t-il donc?

ARLEQUIN.

Evénement terrible;

Elle a pris du poison.

SCAPIN.

Comment du poison?

COLOMBINE.

Oui, j'ai sans façon,

Avalé du poison.

SCAPIN, ARLEQUIN Md. LELIO & MARINE.

Ah! quel forfait, etc.

SCENE XVIII.

Les mêmes, PANTALON.

Quel bruit en ces lieux!

COLOMBINE.

Mon père, grand Dieu!

PANTALON.

Qu'arrive-t-il donc?

SCAPIN.

Evénement terrible;

Elle a pris du poison.

PANTALON.

Comment du poison;

COLOMBINE.

Oui, j'ai sans façon,

Avalé du poison.

PANTALON

Ah! quel forfait;

Qu'avez-vous fait?

Génie

Génie ardent, fille incompréhensible ?
Pourquoi, sans rime ni raison,
De votre père avoir fui la maison ?
Pourquoi, etc.

COLOMBINE.

L'esclave n'a-t-il pas raison,
Quand il le peut, briser sa [illegible] ?

ARLEQUIN, SCP. Md. LELIO, MAR.

Ceci, lui servant de leçon,
Pourrait enfin lui rendre la raison.

Ensemble.

PANTALON.

Père trop malheureux, que vas-tu devenir !

COLOMBINE (*à Md. Lélio.*)

Vous prendrez soin de mon père, je vous le lègue ; acceptez ce legs.., vous soignerez son bonheur.

Md. LELIO.

Quand sa fille l'abandonne.

PANTALON.

Recevoir de celle qui m'est si chère cet affreux témoignage d'ingratitude !.... Ah ! je le sens, mon sort est de ne faire que des ingrats.

ARLEQUIN.

N'en fait pas qui veut.

PANTALON, (*d'un ton caressant.*)

Chère enfant.... tu ne connaissais donc pas toute ma tendresse !

COLOMBINE, (*ayant l'air de réfléchir.*)

Oui, la mort m'éclaire.

ARLEQUIN.

Triste flambeau !

COLOMBINE.

La nature m'accuse d'avoir méconnu ses droits, & prête à perdre l'existence, je ne vois que les affections qui doivent me la faire chérir. (*Se jetant dans les bras de Pantalon*) mon père.... pardonnez à votre fille.

PANTALON.

Tu me brises le cœur.

ARLEQUIN.

Ça devient pathétique.

Md. LELIO.

Ce retour à la tendresse filiale est déjà d'un bon augure.

COLOMBINE.

Mais. . . . quel calme subit s'empare de mes sens. . . une douce langueur se répand dans tout mon être. . . .

ARLEQUIN

Enfin le calmant opère.

COLOMBINE.

Ma chère amie, le flambeau de mes jours va s'éteindre. . . . pour adoucir l'amertume de ce moment fatal. . . promettez moi. . . . qu'Arlequin. . . . .

ARLEQUIN.

Je tremble. . . .

Md. LELIO.

Que faut-il vous promettre ?

COLOMBINE

D'accomplir mes derniers vœux. . . . de faire le bonheur d'Arlequin.

ARLEQUIN.

Je respire !

SCENE XIX & dernière.

LES MÊMES, LE DOCTEUR.

LE DOCTEUR, *(bas à Scapin.)*

Eh ! bien !. . . . *(Scapin lui parle bas.)*

COLOMBINE.

AIR : *De Malborough.*

C'est à ma dernière heure
Une volonté expresse.

ARLEQUIN.

Mais à sa dernière heure
Elle a de bons momens.

(*Tous.*)

Elle a de bons momens.

COLOMBINE.

La mort vient, je la sens.
Faut-il donc que je meure,
Quand ma tête devient meilleure!
Faut-il donc que je meure,
Retrouvant mon bon sens!

(*Tous.*)

Faut-il donc qu'elle meure
Quand sa tête devient meilleure!
Faut-il donc qu'elle meure
Retrouvant son bon sens!

Md. LELIO.

Non, ma chère Colombine, vous ne mourrez pas: vous n'êtes point empoisonnée.

COLOMBINE.

Badinez-vous!

PANTALON.

Se pourrait-il!

COLOMBINE.

Je vivrais!

LE DOCTEUR.

Oui, mademoiselle, je n'ai pas voulu vous endormir, & je vois que vous n'en êtes pas fâchée.

COLOMBINE, (*avec la plus grande joie.*)

Ah! docteur, que je vous ai d'obligation!

PANTALON.

Ma fille! tu m'es rendue!....

COLOMBINE.

Oui, mon père... je reprends à la vie... mon avenir vous appartient, & il ne sera pas souillé par ce funeste, erreurs.... mes amis, je ne veux vivre que pour mériter votre amitié & votre indulgence.

ARLEQUIN.

Ah! ça, vous vivez, c'est bien; mais....

COLOMBINE.

Soyez sans inquiétude; c'est avec grand plaisir que je vous verrai l'époux de mon amie.

SCAPIN.

Ma sœur, quand les volontés des vivans confirment les volontés des mourans...

Md. LELIO.

Il faut bien s'y soumettre.

ARLEQUIN.

Ah! madame, voilà une soumission qui va me rendre le plus soumis des hommes.

SCAPIN.

Ma foi, mademoiselle Colombine, puisque vous voilà raisonnable, si vous voulez faire de moi un bon mari, il ne tient qu'à vous.

COLOMBINE.

Quoi! tout de bon, M. Scapin?

ARLEQUIN, (*embrassant Scapin.*)

Ah! mon ami.... je te revaudrai ça.

SCAPIN.

Je me sens capable de tenir tête à la philosophie.

MARINE.

Des folles comme ça trouvent des maris!

SCAPIN.

Si monsieur Pantalon me croit digne d'entrer dans sa famille....

PANTALON.

Monsieur, lorsque j'étais procureur en la cour, une telle proposition.... mais ce tems est déjà loin, on ne finit pas toujours comme on a commencé; d'ailleurs je suis père, je sens qu'il faut un mari à ma fille, & que le plutôt sera le mieux; en conséquence....

AIR : *Des petits Savoyards.*

De Pantalon soyez le gendre.

COLOMBINE, (*se jettant au cou de Scapin.*)

Mon cher Scapin, je suis à vous,

Md. LELIO. (*à Colombine.*)

Il faut, pour plaire à votre époux,
De philosopher vous défendre.

COLOMBINE.

De ce goût il peut triompher.

SCAPIN.

C'est le but que je me propose :
Pour l'empêcher de tant philosopher,
Je veux l'occuper d'autre chose.

COLOMBINE (*avec tendresse.*)

Mon ami, c'est tout ce que je demande.

VAUDEVILLE.

AIR : *nouveau de Weicht.*

ARLEQUIN.

Femme dont l'aimable folie
Vaut mieux que les raisonnemens,
Laissez-là la philosophie,
Et tous ses pompeux argumens :
Craignez les vives apostrophes
Que le censeur peut nous donner
N'imitez pas les philosophes,
Que vos yeux font déraisonner.

Tous.

N'imitez pas, etc.

SCAPIN.

La raison a bien son mérite,
Et j'en conviens de tout mon cœur :

Mais si par fois elle nous quitte,
Est-ce donc un si grand malheur?
Auprès d'une femme jolie
Laissons là nous abandonner,
Entre l'amour et la folie,
¡Heureux qui peut déraisonner.

Tous.

Entre l'amour, etc.

PANTALON.

Eglé, ni bonne ni jolie,
Affecte les grands sentimens.
Jamais une tendre folie
Ne prit d'empire sur ses sens.
Elle eut raison toute sa vie;
Mais faut-il donc s'en étonner?
Personne encore n'eut envie
De la faire déraisonner.

Tous.

Personne encore, etc.

Md. BELIO.

Quand il fronde les ridicules
Un écrivain peut sans façon
Immoler de petits scrupules
Pour faire parler la raison :
Mais, dans certaine circonstance,
Le danger vient l'environner
N'osant plus dire ce qu'il pense,
La peur le fait déraisonner.

Tous.

N'osant plus, etc.

LE DOCTEUR.

Dorilas au barreau se lance,
Il compte sur plus d'un succès;
La raison est son éloquence,
Hélas! il perd tous ses procès:
Mais s'il suit la route commune
Pour embrouiller et chicaner,

Dorilas fera sa fortune
A force de déraisonner.

Tous.

Dorilas fera, etc.

COLOMBINE, (*au Public.*)

J'abandonne enfin de Delphine
Et les principes et le ton ;
Je laisse là cette héroïne
Et j'en reviens à la raison ;
Mais quoiqu'enfin elle m'éclaire,
Ce soir je puis m'en détourner.
De plaisir, si j'ai su vous plaire,
Je vais encor déraisonner.

Ensemble. { Oui, qu'enfin elle m'éclaire, etc.

Tous.

Oui, quoique la raison l'éclaire ;
Elle pourra s'en détourner :
De plaisir, quand on sait plaire,
On peut fort [illegible] déraisonner.

FIN.

www.ingramcontent.com/pod-product-compliance
Lightning Source LLC
LaVergne TN
LVHW021715230826
846091LV00006BA/2190

9782011892720